¡DECIDA BIEN!

Marcos Witt

¡Decida bien! por Marcos Witt
Publicado por Casa Creación
Una división de Strang Communications Company
600 Rinehart Road
Lake Mary, FL 32746
www.casacreacion.com

No se autoriza la reproducción de este libro
ni partes del mismo en forma alguna, ni tampoco
que sea archivado en un sistema o transmitido de
manera alguna ni por ningún medio –electrónico, mecánico,
fotocopia, grabación u otro– sin permiso
previo escrito de la casa editora, con excepción de lo
provisto por las leyes de derecho de autor de los
Estados Unidos de América.

A menos que se indique lo contrario, todos los
textos bíblicos han sido tomados de: Santa Biblia;
versión Reina-Valera; revisión de 1960;
© 1960 Sociedades Bíblicas en América Latina.
Todos los derechos reservados.

Editora:
Gisela Sawin

Diseño interior:
Grupo Nivel Uno Inc.

Copyright © 2003 por Marcos Witt
Todos los derechos reservados.

ISBN: 0-88419-869-3

Impreso en los Estados Unidos de América.

03 04 05 06 07 ❖ 8 7 6 5 4 3 2

Índice

Introducción 5

1. El poder de una decisión 9
2. ¡Decida hoy dejar atrás su pasado! 23
3. ¡Decida hoy lo que quiere hacer mañana! 39
4. ¡Decida quiénes serán sus influencias! 53
5. Decida perdonar 65
6. Decida vivir creyéndole a Dios 81

Conclusión 93

Introducción

¿Sabía usted que una sola taza de té contiene tanta humedad como para cubrir su vecindario con una niebla de varios metros de espesor? Es sorprendente cómo tan poca agua, pero extendida de manera tan fina, puede impedir nuestra visión de modo casi absoluto.

Por lo general nos contrariamos cuando la niebla estorba nuestro viaje, pero olvidamos que más arriba el sol aún está brillando en todo su esplendor. ¿Por qué nos molestamos? Porque no mantenemos una perspectiva correcta.

Muchas veces la neblina de la vida no nos permite visualizar con claridad para tomar las decisiones correctas. Es importante reflexionar acerca de las buenas decisiones. Estas pueden cambiar el rumbo de nuestra vida para siempre. Una decisión bien tomada puede transformar positivamente el resto de nuestra vida. En cambio, una decisión mal tomada nos puede desviar de los propósitos y los planes que Dios tiene para nosotros, por esa razón es tan importante tomar buenas decisiones.

Hace algunos meses, mientras paseábamos en familia, nuestro hijo Kristofer nos hizo un comentario: «Mamá, papá, ¡qué contento estoy de que ustedes se hayan conocido! Porque si no se hubieran conocido, hoy ninguno de nosotros estaríamos aquí». «Kristofer, yo también estoy muy contento de haber conocido a tu mamá, no sólo por ella sino también porque ustedes están hoy aquí», respondí con mucha sinceridad.

El poder de una decisión puede cambiar nuestra vida para siempre. Las estadísticas expresan que cada día tomamos más de 2,500 decisiones. Algunas personas en posiciones importantes toman aún más decisiones que esas cada día.

Cuando hablamos de qué vamos a comer y dónde, con quién vamos encontrarnos, con qué actitud voy a tener que enfrentar este problema, ante esta necesidad qué pensamiento afirmar, son decisiones que a cada momento tomamos. Cada una de ellas tiene una consecuencia, por eso es tan importante hacer buenas elecciones.

Debemos comprender que podemos controlar nuestras decisiones, pero no las consecuencias. ¿Sabe usted si la decisión que tomará hoy afectará su futuro o el de sus hijos?

¡UNA DECISIÓN
BIEN TOMADA
HOY PUEDE
CAMBIAR
SU FUTURO!

Capítulo 1

El poder de una decisión

Había un profesor comprometido y estricto, conocido también por sus alumnos como un hombre justo y comprensivo. Al terminar la clase, ese día de verano, mientras el maestro organizaba unos documentos encima de su escritorio, se le acercó uno de sus alumnos y en forma ofensiva le dijo:

—Profesor, lo que me alegra de haber terminado las clases es que no tendré que escuchar más sus tonterías y podré dejar de ver su aburrida cara.

El alumno permanecía con semblante arrogante, en espera de que el maestro reaccionara ofendido y descontrolado. El profesor lo miró por un instante y en forma muy tranquila le preguntó:

—Cuando alguien te ofrece algo que no quieres, ¿lo recibes?

El alumno quedó desconcertado por la calidez de la sorpresiva pregunta.

—Por supuesto que no, contestó de nuevo en tono despectivo el muchacho.

—Bueno, —prosiguió el profesor—, cuando alguien intenta ofenderme o me dice algo desagradable, me está ofreciendo algo, en este caso un sentimiento de rabia y rencor, que puedo decidir no aceptar.

—No entiendo a qué se refiere, —dijo el alumno confundido.

—Muy sencillo, —replicó el profesor—, tú me estás ofreciendo rabia y desprecio, y si yo me siento ofendido o me pongo furioso, estaré aceptando tu regalo, y mi amigo, en verdad, prefiero obsequiarme mi propia serenidad. Muchacho, —concluyó el profesor en tono gentil, tu rabia pasará, pero no trates de dejarla conmigo, porque no me interesa. Yo no puedo controlar lo que tú llevas en el corazón, pero de mí depende lo que yo cargo en el mío.

Cada día, en todo momento, usted puede decidir qué emociones o sentimientos quiere poner en su corazón. Aquello que elija lo tendrá hasta que decida cambiarlo. Es tan grande la libertad que Dios nos da que incluso tenemos la opción de amargarnos o ser felices.

La Biblia es clara al respecto:

«A los cielos y a la tierra llamo por testigos hoy contra vosotros, que os he puesto delante la vida y la muerte, la bendición y la maldición; escoge, pues, la vida, para que vivas tú y tu descendencia» (Dt 30:19).

Podemos escoger bendición o maldición. Es sorprendente la cantidad de personas que escogen maldición al tomar las decisiones equivocadas. Nuestras decisiones también pueden llevarnos al punto tal de tener que escoger entre la muerte o la vida.

Las decisiones no son patrimonio de nuestra generación. Desde Adán y Eva las decisiones formaron parte de la vida del hombre. Ellos mismos debieron elegir y optaron por probar del árbol del conocimiento de bien y del mal.

Decisiones heroicas

Pero para comprender más sobre este tema decidí meditar acerca de las decisiones que algunos personajes bíblicos debieron tomar y comprobé lo siguiente: ¿Se imagina qué distinta sería la Biblia si Noé le hubiera dicho a Dios: «No, mejor búscate a otro que construya el arca, yo estoy demasiado ocupado. Además, ¡qué flojera! Traer toda esa madera para hacerla... Y como si fuera poco por acá nunca llueve?».

Si Noé hubiera decidido desobedecer el versículo de Hebreos podría decir así: «Por su falta de fe, Noé, cuando fue advertido por Dios acerca de cosas que aún no se veían, tuvo miedo y dijo: "Hombre, yo no soy de aquí". Y se fue».

Pero esto no sucedió. Noé obedeció a Dios y salvó a su familia, y a nosotros. Por esa razón el texto bíblico dice: «Por la fe Noé, cuando fue advertido por Dios acerca de cosas que aún no se veían, con temor preparó el arca en que su casa se salvase; y por esa fe condenó al mundo, y fue hecho heredero de la justicia que viene por la fe» (Heb 11:7).

Por lo tanto tenemos una deuda de gratitud con él. Por su buena decisión, hoy estamos nosotros acá. Qué diferente sería la Biblia si el joven David hubiera mirado bien a Goliat y dicho: «¡No, éste está regrandote, y yo rechiquito! ¿Cómo voy a enfrentar a este gigantón? Que el Señor se busque a otro, yo de aquí me voy». Sin embargo, a través de su valiente decisión de enfrentarse a Goliat, David preparó el camino para el enorme triunfo del pueblo de Dios. Todo el pueblo pudo disfrutar de la victoria por la decisión de un hombre.

Qué diferente sería la Biblia si José hubiera mirado a la esposa de Potifar y pensado: «¡Qué hermosa es esta mujer!». Si hubiera decidido aceptar la propuesta de la esposa de Potifar, el curso de la historia habría cambiado. Pero José decidió ir en contra de la tentación y mantener su vida de integridad. Con esta decisión salvó no sólo una nación sino a dos. Puesto que al no aceptar la propuesta de la esposa de Potifar, fue ascendido a Primer Ministro de Egipto y salvó tanto a esa nación como a la casa de su padre y toda su familia. Dos naciones fueron salvas por una decisión bien tomada.

Qué distinta sería la Biblia si Rut no se hubiera enamorado de Booz. Imagínese si esta mujer que venía de lejos y al encontrarse con este hombre que la pretendía hubiera dicho: «No, tiene bigotes muy grandes y es muy calvo. No me gusta. No me casaré con él». Pero qué bueno que Rut se enamoró de Booz y decidió casarse, porque ella fue la bisabuela de David y de allí descendería el linaje del Mesías. Como consecuencia de una decisión correcta, Rut y Booz fueron los padres del linaje del Mesías.

Cómo hubiera sido la Biblia si aquel niño que llevó los cinco panecillos y los dos pececitos para su almuerzo hubiera dicho: «No comparto mi almuerzo con ustedes, es mío. Mi mamá lo hizo para mí». Qué bueno que el niño decidió compartir su comida con todos los demás, porque a través de esa decisión él pudo bendecir a miles y miles de personas.

¡Qué bueno que todos ellos tomaron buenas decisiones que afectaron a multitudes! Decisiones importantes que hasta hoy usted y yo podemos leer en la Biblia. Aplaudimos a esa gente por haber tomado las decisiones correctas y haber escogido la bendición.

Una decisión tiene el poder de afectar multitudes. Tal vez la decisión que usted tome hoy puede afectar a millones de personas. Tal vez piense que exagero, porque somos personas comunes, ordinarias. Pero personas como usted y yo pueden hacer cosas extraordinarias a través de buenas decisiones. Literalmente podemos afectar a millones de personas.

En 1964 una mujer perdió a su esposo y se quedó sola con tres pequeños hijos. El mayor tenía cuatro años, el segundo dos y el más pequeño tenía siete meses. Vivía en un país lejano y tuvo que enterrar a su marido rodeada por sus tres niñitos. Ellos eran misioneros y luego de lo ocurrido aquella mamá debía regresar a la casa de su padre junto a sus hijitos. Su padre, un hombre fuerte y de mucho carácter, le dijo: «No regreses a ese país que mató a tu esposo, quédate aquí con tus niños». Sin embargo, cuentan que esta mujer, luego de pasar toda la noche orando y pidiendo al Señor su guía, alrededor de las cinco o seis de la mañana tomó una decisión. Bajó a la sala donde estaba su padre, lo miró a los ojos y le dijo: «Regresaré al país por el cual mi esposo dio su vida. Llevaré a mis tres hijos a esa nación y sembraré mi vida por la causa de Cristo. Continuaré la visión que comenzó allí mi marido». El padre la miró y le dijo: «Bueno, ojalá hubieras elegido quedarte, pero apoyo tu decisión». La mujer empacó sus cosas, y junto a sus tres niñitos regresó a México. Esa decisión afectó a millones de personas, porque esa fue la elección por la cuál optó mi mamá cuando murió mi padre.

Quién sabe qué hubiera sido de mí si mi mamá se hubiera quedado en el estado de Georgia, donde vivía mi abuelo. Posiblemente yo hubiera crecido allí con mis hermanos y hoy no estaría haciendo lo que hago. Posiblemente sería el gerente de alguna empresa. Qué bueno que mi mamá tomó la decisión correcta y regresó a una ciudad desconocida y árida del centro de México, que se llama Durango.

En los últimos años le he predicado a millones de personas a través de mi ministerio. Todo comenzó con una persona común como usted y yo; una mujer con tres hijos, enfrentando un gran desafío.

Las decisiones significativas

Nunca podrá saber en el mismo instante cuál será la consecuencia de una decisión que tome el día de hoy ni cuántas personas estarán afectadas por ella. Es necesario aprender a discernir entre las decisiones sencillas y las trascendentales. Por ejemplo, si hoy usted desea cenar «tamales» y puede hacerlo, esa decisión tal vez no afectará trascendentalmente la vida de muchas personas. Si usted hoy quiere escuchar música de Marcos Witt, eso es una buena decisión, pero no es trascendental, a menos que a través de esa música usted conozca a Jesús; lo cual ha sido el caso de muchas personas.

Hay decisiones que no trascienden ni cambian el rumbo de su historia, pero existen otras que son muy importantes y debemos saber por cuál optar, como por ejemplo:

Decida comenzar a hablar la verdad y dejar atrás la mentira. Debemos reconocer que nuestro pueblo hispano tiene un problema con la mentira, nos gusta decirle a las personas lo que creemos que los demás quieren oír.

La Biblia dice en Efesios 4:25: «Desechando la mentira, hablad verdad cada uno con su prójimo; porque somos miembros los unos de los otros». Decida hablar siempre con la verdad, la consecuencia de ello será siempre buena. La verdad siempre dará buena cosecha como fruto.

Decida dejar de tomar lo ajeno. Otro de los problemas de nuestro pueblo latino es que le gusta tomar lo ajeno. No me refiero simplemente al tema económico sino también a que muchos hombres latinoamericanos toman una mujer que no es de ellos y surge un tremendo problema de adulterio. Debe recordar que: «Si esa mujer no es suya, es de alguien, no la tome». La Biblia dice en Efesios 4:28: «El que hurtaba, no hurte más, sino trabaje, haciendo con sus manos lo que es bueno, para que tenga qué compartir con el que padece necesidad».

Decida tomar una actitud positiva. Hay personas que parecen tener una nube negra sobre su cabeza, siempre ven el lado difícil de las cosas. Pero el Señor quiere que usted siempre tenga una sonrisa sobre sus labios y que comience a ver las circunstancias por el lado bueno, por el lado positivo, como lo vio el profesor de la historia que escribí al comenzar el capítulo. Proverbios 4:18 declara: «Mas la senda de los justos es como la luz de la aurora, que va en aumento hasta que el día es perfecto». Dios tiene mejores días para su vida, así que levante su cabeza y comience a mirarlos con esperanza. Levante su mirada, enderece sus hombros y camine con determinación.

El poder de una decisión

Decida vivir en amor haciendo el bien a todos. El texto en el libro de Lucas 6:27 dice: «Pero a vosotros los que oís, os digo: Amad a vuestros enemigos, haced bien a los que os aborrecen». Qué difícil es hacer el bien a las personas que nos aborrecen. La Biblia dice que debemos amar a nuestros enemigos, ya que es fácil amar a nuestros amigos. Pero es nuestra decisión cambiar el curso de un futuro de odio y enemistad por un futuro de amor y respeto. El Señor le dice: «Bienaventurado eres cuando por mi causa te vituperen y te persigan diciendo toda clase de mal contra ti mintiendo» (Mt. 5:11).

Decida vivir en el perdón. El perdón es una decisión. Quizá no sienta deseos de perdonar, pero hágalo por fe en el nombre de Jesús. Al tiempo, esa determinación le dará más gozo del que usted pueda imaginarse. La falta de perdón es una cadena que lo mantiene atado a un sentimiento que seca su vida y no le permite prosperar. El perdón traerá libertad y sanidad a su alma (vea 2 Cr 7:14).

Decida conocer y cumplir con la voluntad de Dios para su vida. Romanos 12:2 dice: «No os conforméis a este siglo, sino transformaos por medio de la renovación de vuestro entendimiento, para que comprobéis cuál sea la buena voluntad de Dios, agradable y perfecta». Dios tiene propósitos y planes con su vida. Usted debe saber que esto sucederá únicamente si toma buenas decisiones. El resultado de ello será encontrarse en el propósito y la voluntad de Dios para su vida. Por lo tanto busque cumplir la voluntad de Dios a través de las decisiones correctas.

¡Decida bien!

Decida vivir una vida de integridad. La integridad no es un don sino una decisión. Muchas veces se confunde integridad con honestidad y puedo asegurarles que no es lo mismo. Una persona íntegra es aquella que toma buenas decisiones en todas las áreas de su vida, no simplemente en la económica. Una vida íntegra es una vida sin reproches lo mire desde donde lo mire.

Decida llenar su mente con la Palabra de Dios. La Palabra de Dios que es viva y eficaz nos da la oportunidad de tomar buenas decisiones ya que se adapta a nuestra realidad y nos guía en consejos de vida. Si sigue las enseñanzas y consejos de la Palabra de Dios puedo asegurarle que nunca tomará malas decisiones. Ella será el instrumento y canal por medio del cual el Espíritu de Dios se manifestará sobre su vida llevando claridad de pensamiento frente a las decisiones.

Decida acercarse más a Dios. Toda y cada una de las cosas que citamos hasta aquí no pueden ser sostenidas sino por el poder de Dios sobre su vida. ¿Cree usted que la gente que no conoce a Dios se equivoca y toma malas decisiones porque lo desea? No. Puedo asegurarle que ellos creen estar haciendo lo correcto pero muchas veces la neblina espiritual que cubre sus caminos no les permite avanzar hacia el buen camino. Ellos creen que lo están haciendo bien pero la presencia de Dios es quien nos guía a la verdad, y en ella hallaremos la respuesta a las decisiones correctas.

El poder de una decisión

Su decisión determinará su futuro

¿Cuánto tiempo demanda tener un cambio de mentalidad? Tan solamente un instante. No requiere de mucho tiempo, sólo es necesario una decisión. Cuando usted determine cambiar su manera de pensar, en ese instante puede suceder. En el momento en que decida hacer las cosas de otra manera, usted vivirá en una nueva realidad. La mentalidad correcta hará de su vida una vida exitosa, y no me refiero a una vida de ricos o famosos, sino de mirar al pasado luego de haber cumplido nuestra vida y decir: «Logré mi objetivo. Sembré buenas semillas y obtuve los frutos esperados».

«Porque somos hechura suya, creados en Cristo Jesús para buenas obras, las cuales Dios preparó de antemano para que anduviésemos en ellas» (Ef 2:10).

Usted fue creado para buenas obras. No fue creado para caminar en el error. Usted es un campeón y fue programado para triunfar, no para fracasar. Usted es la cabeza, no es la cola. Usted prestará a las naciones, y no pedirá prestado. Levante su cabeza y comience a vivir en esa confianza en la cual fuimos creados para buenas obras que Dios preparó de antemano.

Si ha tomado la decisión de seguir a Dios y honrarle, Él lo bendecirá más allá de su imaginación. Dios lo prosperará más allá de lo que usted jamás pudo haber soñado o imaginado. Si le encomienda sus caminos, Él lo prosperará más allá de sus sueños.

¡Decida bien!

Cada una de las personas que presenté como ejemplo de héroes por sus decisiones fueron hombres y mujeres sencillos que estaban tomados de la mano de Dios. Esto es esencial para las buenas decisiones. Tómese de la mano de su Señor, y Él lo guiará hacia la elección correcta.

La más importante

Pero para comprobar la eficacia y el poder de una decisión correcta debemos observar una historia que ocurrió hace mucho tiempo. Esa fue una de las decisiones más difíciles que alguien debió tomar y se encuentra relatada en el libro de Lucas capítulo 22. Jesús dijo: «Padre, si quieres, pasa de mí esta copa; pero no se haga mi voluntad, sino la tuya» (v.22).

Jesús fue un hombre que luchaba, que sentía y que sabía que la cruz sería un gran sacrificio para Él como hombre, sin embargo dijo: «Señor, esta decisión no debo tomarla yo, sino Tú».

¿Qué hubiera sido de nosotros si Jesús no hubiera decidido tomar la cruz y morir en nuestro lugar? Su decisión fue la más importante de todos los tiempos. La decisión del Señor Jesús cambió nuestra vida para siempre. «Gracias Señor por haber tomado esa decisión a favor de nosotros».

Medite entonces. Para tomar buenas decisiones primero necesita decidir ponerlo a Él en el primer lugar de su vida. Esta es la decisión más importante. El resto será tarea sencilla.

¡Una decisión bien tomada hoy puede cambiar su futuro!

¡OLVIDE EL PASADO Y PROSIGA HACIA LA META!

Capítulo 2

¡Decida hoy dejar atrás su pasado!

Una simple coma le costó millones de dólares a una gran corporación. Se cometió un error en un contrato con un cliente internacional a causa de una coma mal colocada en una cifra crucial. La compañía insistió en que el fabricante cumpliera el contrato tal como se había firmado. Desafortunadamente para la empresa, el error se cometió en una ecuación que ajustó el precio de venta, y eso le costó 70 millones de dólares.

Lo mismo sucede con el pecado. Tiene un alto costo, aunque en el momento parece pequeño. Las transgresiones que parecen ser inofensivas pueden terminar haciendo mucho daño. Confiéselo, o de lo contrario el costo será mucho más alto después.

«Si decimos que no tenemos pecado, nos engañamos a nosotros mismos» (1 Jn 1:8). Lo primero que tenemos que hacer para dejar atrás nuestro pasado es reconocer nuestro pecado y empezar a conocer la verdad, porque la Biblia dice que conoceremos la verdad y la verdad nos hará libres (vea Jn 8:32). Si usted acepta este fundamento entonces podrá vestirse del nuevo saco de justicia.

Las Escrituras nos dicen:

> «En cuanto a la pasada manera de vivir, despojaos del viejo hombre, que está viciado conforme a los deseos engañosos» (Ef 4:22).

Todos tenemos un viejo hombre del cual debemos despojarnos. Cuando el apóstol escribió este versículo utilizó literalmente la expresión «despojar», que significa quitarse un saco viejo y ponerse uno nuevo.

Cuando Jesús murió en la cruz del Calvario y tomó nuestro lugar en la muerte, venció sobre el pecado en nuestra vida, entonces recibimos un saco nuevo con el cual podemos cubrirnos. Él nos vistió de Su justicia, nos coronó de verdad. Dios dice que Él «será por corona de gloria y diadema de hermosura» sobre nuestra cabeza (ver Is 28:5). Hoy, usted puede quitarse el saco destruido y deshilachado del viejo hombre para ponerse el nuevo saco de justicia que Jesucristo tejió en la cruz del Calvario.

Algunas personas dicen: «Yo nunca he pecado, soy perfecto». Pero el texto de Romanos 3:23 dice: «Por cuanto todos pecaron, y están destituidos de la gloria de Dios...».

Lo primero que debemos hacer es reconocer que hemos pecado, arrepentirnos, confesar nuestros errores y dejarlos atrás. Para eso necesitamos al Señor, porque no podemos resolverlo con nuestras propias fuerzas. Nos urge tenerlo a Él en nuestra vida para poder confiar en que borrará los pecados de nuestro pasado.

La verdad

«Y la sangre de Jesucristo su Hijo nos limpia de todo pecado» (1 Jn 1:7). Esa es la verdad, que la sangre de Cristo nos limpia. En el libro de Apocalipsis encontramos que Jesús lavó nuestros pecados con su sangre.

Me impacta la vida del apóstol Pablo, pero debemos recordar que no siempre se llamó así; en una primera etapa de su vida su nombre era Saulo de Tarso, un hombre temible. Sus antecedentes lo acusaban porque realmente había sido un hombre muy malo.

Saulo perseguía agresivamente a los cristianos y mataba a las personas que no pensaban como él. El libro de los Hechos cuenta que Saulo respiraba amenazas y muerte (vea Hch 8:3; 9:1). Este hombre no era el que usted hubiera querido conocer en algún callejón oscuro. Él odiaba a Jesús con toda sus fuerzas. Sin embargo, cuando lo encontró en el camino a Damasco, cayó al suelo rendido ante Su presencia.

Seguramente Saulo estaba «subido al caballo» de su propio orgullo y autosuficiencia, y el Señor le dijo:

—Saulo, ¿Por qué me persigues?
—¿Quién eres, Señor?
—Yo soy a quien tú persigues.

Desde aquel encuentro la vida de Saulo cambió de una manera radical, tal es así que después se convirtió en uno de los hombres más importantes del cristianismo neotestamentario. Escribió libros increíbles, y en uno de ellos dijo esta frase tan poderosa: «Olvidando ciertamente lo que queda atrás, y extendiéndome a lo que está delante, prosigo a la meta» (Fil 3:13-14).

Este Saulo de Tarso tenía que dejar atrás su pasado y proseguir a la meta. Posiblemente usted no haya sido tan malo como Saulo de Tarso, quizá nunca ha matado a alguien. Tal vez nunca ha respirado amenazas y muerte o nunca ha sido un hombre tan violento como lo fue él, pero nuestra condición de pecado es la misma que tuvo Saulo.

Si usted pecó en su pasado, puede decir como el apóstol Pablo: «Olvidando lo que queda atrás, prosigo a la meta. No voy a recordar las cosas de mi pasado, seguiré adelante y veré la victoria que el Señor tiene planeada para mi vida».

Deje de mirar el pasado. Es imposible conducir el automóvil de su vida mirando por el espejo retrovisor.

¡Decida hoy dejar atrás su pasado!

Hay personas que siempre parecen vivir en reversa y se preguntan por qué no avanzan, pero cuando caminan lo hacen como los cangrejos, para atrás. Es tiempo de extendernos hacia adelante, hacia la meta.

Mujeres perdonadas

En la ciudad de Jericó vivía Rahab, una prostituta que todos conocían. Un día, el pueblo de Israel envió espías para reconocer el lugar que querían tomar. Rahab fue quien los recibió y los escondió en su casa para que no los mataran. Pero antes de que se fueran, ella les pidió que cuando fueran a destruir la ciudad de Jericó, cuidasen de su familia y de ella.

Me imagino que cuando los espías aceptaron el trato, Rahab fue a la casa de sus tíos, sus primos, sus cuñados, sus sobrinos, y los llevó a todos dentro de su casa para protegerlos. Dios cuidó a Rahab y su familia. Años después, cuando el escritor de Hebreos, explicaba acerca de la fe en el capítulo 11, mencionó a Rahab junto a otros héroes de la fe como Abraham, Moisés, David y José.

Dios puede olvidarse de su pasado, de todo lo que usted ha hecho. Él quiere poner gozo en su corazón en lugar de tristeza.

También conocemos la historia de la mujer que fue sorprendida en adulterio, y los escribas y fariseos decidieron traerla ante Jesús para acusarla. La tiraron al suelo y le dijeron a Jesús: «Señor, la ley de Moisés dice que esta mujer debe ser apedreada» (Paráfrasis de Jn 8:5). Ellos querían encontrar la forma de hacerlo caer en una trampa.

La acusaron públicamente y la escandalizaron. Pero sabiamente Jesús dijo: «El que de vosotros esté sin pecado sea el primero en arrojar piedra contra ella» (Jn 8:7). Entonces se agachó y empezó a escribir en el piso. No sabemos qué escribió, la Biblia no lo dice, pero podemos imaginar que tal vez perfiló el nombre de la amante de uno de esos fariseos. También pudo haber escrito los diezmos que alguno de ellos se robó. Lo cierto es que Jesús escribió algo que puso incómodos a los fariseos. Momentos después, cuando el Señor levantó la vista, todos se habían ido.

—Mujer, —le dijo— ¿dónde están los que te acusaban? ¿Ninguno te condenó?

—Ninguno, Señor, —respondió la mujer.

—Ni yo te condeno; vete, y no peques más, —concluyó diciendo Jesús (vea Jn 8:11).

Esto mismo le dice el Señor a usted: «Ni yo te condeno. Te recibo, te amo, he dado mi vida para que no tengas condenación. Yo quiero perdonarte».

Dios es un Dios de nuevos comienzos, de nuevas oportunidades. Él es quien perdona y limpia nuestros pecados. «Si nosotros confesamos nuestros pecados, él es fiel y justo para perdonar nuestros pecados» (1 Jn 1:9). El Señor tira nuestros pecados en el fondo del mar y pone un letrero que dice: «Prohibido pescar». Nadie tiene derecho a sacar nuestros pecados del mar del olvido de nuestro Señor Jesucristo. Nadie tiene el derecho de destapar lo que la sangre de Jesús ha tapado.

¡Decida hoy dejar atrás su pasado!

Nuevos comienzos

John Newton, el compositor del himno «Sublime gracia», expresó una perspectiva similar: «Aunque no soy lo que debiera ser, ni lo que me gustaría ser, ni tampoco lo que espero ser, puedo decir honestamente que tampoco soy lo que era una vez. . . . ¡Por la gracia de Dios soy lo que soy!»

Deje atrás las costumbres de su pasado. Muchas de ellas las hemos adquirido con el tiempo y se han hecho un hábito en nosotros. Ya sea nuestra manera de pensar, nuestra manera de hablar, o aún se nos hace difícil decir la verdad, y eso vuelve a ser parte de nuestra vida natural.

Tenemos que aprender a cambiar nuestras costumbres. Dios quiere darnos una nueva vida, una nueva manera de hablar, de pensar, una forma diferente de razonar las cosas. Él no quiere que pensemos como los demás, porque nuestra vida como seguidores de Jesús debe ser excelente. Cuando el mundo vea en nosotros tanta alegría y paz, podrá decir: «¿Cómo puedo conseguir eso que tú tienes?». Nuestra vida debe ser victoriosa. No me refiero a una vida libre de problemas, sino a una vida llena de la presencia de Dios. Siempre tendremos que batallar, pero Él peleará por nosotros.

Hace muchos años, en la iglesia de un pequeño pueblito había una hermana que, cuando le preguntaban cómo estaba, respondía: «Pues ahí, maleándola. Me duele acá, me duele allá. Me duele todo, el diablo me da mucha guerra y no sé qué hacer con él».

¡Decida bien!

Debemos cambiar nuestras costumbres y hablar de otra manera. Cuando nos pregunten cómo estamos, nuestra respuesta debe ser: «Estoy muy bien, bendecido, lleno, abundante, colmado de la paz de Dios», o alguna otra afirmación que subraye las cosas buenas en nuestras vidas.

Dicen los expertos que sólo se requieren veintiún días para afirmar una costumbre nueva. Quiero animarlo a que en los próximos veintiún días usted hable de otra manera. Ponga una sonrisa sobre sus labios y se hará un hábito en su vida.

En los tiempos de Jesús había un «chaparrito» que se llamaba Zaqueo. Tal vez tenía ese nombre porque «saqueó a todo el mundo». Era uno de esos hombres de negocios que armaba muy extrañamente los libros de contabilidad y había saqueado a muchos económicamente.

Jesús fue a la casa de Zaqueo y allí tuvo un tremendo encuentro con el Señor. Tan fuerte fue su conversión que no solamente dejó sus malas costumbres sino que repuso todo el daño que había hecho.

En lugar de lavarse las manos, Zaqueo restituyó todo a las personas a las que había causado daño. Cuando tomamos malas decisiones y como resultado de ello dañamos personas, deberíamos buscar la manera de restituir esa consecuencia. Dios honrará esa acción.

En el caso de Zaqueo, él respondió: «Devolveré cuadruplicadamente todo lo que les he robado». Imagínese lo que les habría robado si podía devolverles cuadriplicadamente. La nueva vida de Zaqueo con Jesús fue una bendición. Comenzó inmediatamente a dar de sus bienes, a cambiar su manera de vivir.

Pablo mismo cambió sus costumbres. Después de haber odiado tanto a Jesús, terminó amándolo con todo su corazón. Primero persiguió a todas aquellas personas que amaban a Cristo, luego las abrazó. Viajó por todo el mundo predicando acerca de Jesús. Él escribía y enseñaba a las personas acerca de cómo vivir para Cristo.

Dios quiere y puede cambiar nuestras costumbres. Él quiere que tengamos hábitos de acuerdo a Su Palabra, deseo, y propósito. Los frutos del Espíritu en nuestra vida son: mansedumbre, paz, gozo, paciencia, templanza. Él quiere poner todas las cualidades del Espíritu Santo en nuestra vida. Lo único que tenemos que hacer es tomar el compromiso de dejar atrás las viejas costumbres.

Borrar las memorias

Hace algún tiempo leí una historia que me llamó la atención. La misma contaba el siguiente relato: «Cierto preso por apoderarse de lo ajeno fue condenado a muerte, pero en su celda ideó un plan para conseguir la libertad. Llamó al alcalde y le dijo que era necesario que le permitiera ver al rey, pues tenía un secreto que no podía comunicarle a otro y que haría inmensamente rico al rey y a su nación.

Tratándose de un asunto tal, el condenado fue conducido a la presencia del monarca, a quien le reveló que era poseedor de un secreto mediante el cual el oro crecería como las uvas en las parras con tan solo sembrar una semilla que él tenía.

Sugestionado por aquella revelación, el rey acompañado por sus ministros y por el preso se dirigió a las afueras de la ciudad a un lugar indicado por el preso, quien sacó de su bolsillo una moneda de oro, la que, según él aseguró, plantada en la tierra produciría un árbol en cuyas ramas crecerían monedas de oro. Cuando ya estaba todo listo para plantarla, el reo dijo que había una condición para que la moneda pudiera dar su fruto, y era que la mano que la plantara debía ser completamente pura, y nunca haber cometido ningún acto deshonesto. «Yo no puedo plantarla», aseguró el preso y se la entregó a su Majestad. El rey tomó la moneda con evidente nerviosidad y dijo: «Yo también me acuerdo que cuando era joven solía apoderarme de pequeñas cantidades del tesoro de mi padre. Por lo tanto creo que el primer ministro debe plantarla».

El primer ministro con palabras medidas dijo: «Su Majestad, no querrá que este experimento tan importante sea expuesto a la posibilidad de fracasar por alguna falta de mi parte. Como yo recibo los impuestos estoy sujeto a muchas tentaciones, y es posible que mis manos no estén completamente limpias; así que, con su permiso real la pasaré al comandante del ejército».

Pero el general no quería tener nada que ver con la moneda y con tono militar dijo: «No, yo manejo el dinero del ejército. Compro las raciones y pago los salarios. Désela al sumo sacerdote».

¡Decida hoy lo que quiere hacer mañana!

Pero ni aun él estaba preparado para asumir tal responsabilidad y dijo: «Ustedes se olvidan que yo recojo las ofrendas y asigno los sacrificios, no puedo plantarla».

Al fin habló nuevamente el reo y dijo: «Su Majestad. ¿Por qué colgarme a mí cuando los cuatro hombres principales de su reino no responden de su honradez?». El rey, que no supo qué responder, finalmente frente a este argumento no tuvo otra solución que perdonar al preso».

Esta historia ilustra una gran verdad que encontramos en la Palabra de Dios y que dice: «No hay justo ni aun uno» (Ro 3:10), y «...(pues no hay hombre que no peque)» (2 Cr 6:36).

El apóstol Pablo escribió sobre la humanidad entera: «Todos hemos pecado y estamos destituidos de la gloria de Dios» (vea Ro 3:23). Todos estamos bajo la condenación eterna, y esta es la triste condición en la cual se encuentra la humanidad entera frente a Dios. Cuando Cristo murió en la cruz y pronunció aquellas inmortales palabras «Consumado es», el precio de la redención humana fue pagado. No hay pasado que nos condene luego de la limpieza de nuestro corazón a través de la sangre de Jesús.

Dios quiere dejar atrás las memorias de su pasado. Hay gente que aún vive de los recuerdos del pasado acusándole por sus errores: «Acuérdate cuando hiciste esto, cómo le contestaste a aquella persona, y... acuérdate y acuérdate y acuérdate». Eso le encanta al diablo.

No medite en los errores que cometió en el pasado. La Biblia enseña que cuando usted se pone bajo la sangre de Jesucristo hay una nueva vida para usted, un nuevo día para su vida, el Señor se lo entregará, porque Él es un Dios de nuevos comienzos. Quizá, en un momento de desesperación usted decidió abortar a un bebé que no quería ni esperaba. Debe saber que en el Señor hay perdón para su vida. Él la perdona y se olvida.

Conozco algunas personas que fueron drogadictas y traficantes de drogas, pero Jesucristo cambió su vida para siempre. Hoy día trafican la Palabra de Dios. No permita que el diablo, el acusador, lo señale diciendo lo que no es. El Señor quiere que usted se levante y mire para adelante. Levante sus ojos y avance.

Hacia el futuro

«No hay nada en su pasado para conquistar. Todas sus conquistas están delante suyo». En nuestro futuro está el cambio. Dios quiere darle nuevas costumbres. A la mujer le dijo: «Vete y no peques más». También le pidió que dejase la costumbre del pecado y viva en santidad, en el gozo del Señor, en la tranquilidad de conocer su Palabra. Romanos 8:1 dice: «Ahora, pues, ninguna condenación hay para los que están en Cristo Jesús, a los que no andan conforme a la carne, sino conforme al Espíritu». En el día de hoy no hay condenación para usted.

En 2 Corintios 5:17 declara: «De modo que si alguno está en Cristo, nueva criatura es; las cosas viejas pasaron; y he aquí todas son hechas nuevas». También en Isaías 43:18 dice: «No os acordéis de las cosas pasadas,

¡Decida hoy lo que quiere hacer mañana!

ni traigáis a memoria las cosas antiguas». Pronto sus amigos lo verán diferente. Su familia lo verá renovado. Sus compañeros en el trabajo lo verán como una nueva persona. Pronto saldrá a la luz, y la gente se maravillará de las cosas que usted hará, porque el Señor borró su pasado.

El libro de Lamentaciones capítulo 3, en la versión «Dios habla hoy» dice: «El amor del Señor no tiene fin, ni se han agotado sus bondades. Cada mañana se renuevan. ¡Qué grande es Su fidelidad!».

Dios quiere darle una nueva memoria.

El Señor perdona los pecados de su pasado. Perdónese usted.

El Señor olvida sus pecados. Olvídelos usted.

El Señor no le reprocha los errores. No se reproche usted.

El Señor lo cubre con su sangre poderosa, no se destape usted. Nadie tiene derecho de destapar lo que ha sido cubierto con la sangre.

El Señor no permite que nadie se acuerde de su pasado, no lo acepte usted.

«Si el diablo quiere recordarle su pasado, recuérdele su futuro».

El Señor anhela que usted vea una visión de victoria para su vida. Usted es más que vencedor, es la semilla de Dios caminando en esta tierra y tiene todas las promesas de abundancia, de victoria, de fe, de amor, de misericordia de Dios para su vida.

¡Decida hoy dejar atrás su pasado!

¡DECIDA HACIA DÓNDE VA CON SU VIDA!

Capítulo 3

¡Decida hoy lo que quiere hacer mañana!

Cierto hombre recibió una noche la visita de un ángel, quien le comunicó que le esperaba un futuro fabuloso. Se le daría la oportunidad de hacerse rico, de lograr una posición importante y respetada dentro de la comunidad y de casarse con una mujer muy hermosa.

Ese hombre se pasó la vida esperando que los milagros prometidos llegasen, pero nunca lo hicieron, así que murió solo y pobre.

Cuando llegó a las puertas del cielo vio al ángel que le había visitado tiempo atrás y protestó:

—Me prometiste riqueza, una buena posición social y una bella esposa. ¡Me he pasado la vida esperando en vano!

—Yo no te hice esa promesa, —replicó el ángel—. Te prometí la oportunidad de riqueza, una buena posición social y una esposa hermosa.

El hombre estaba realmente intrigado.

—No entiendo lo que quieres decir, —confesó.

—¿Recuerdas que una vez tuviste la idea de montar un negocio, pero el miedo al fracaso te detuvo y nunca lo pusiste en práctica? —el hombre asintió con un gesto—. Al no decidirte unos años más tarde se le dio la idea a otro hombre que no permitió que el miedo al fracaso le impidiera ponerla en práctica. Recordarás que se convirtió en uno de los hombres más ricos del reino. También recordarás —prosiguió el ángel— aquella ocasión en que un terremoto asoló la ciudad, derrumbó muchos edificios y miles de personas quedaron atrapadas en ellos. Allí tuviste la oportunidad de ayudar a encontrar y rescatar a los supervivientes, pero no quisiste dejar tu hogar solo por miedo a que los saqueadores robasen tus pertenencias, así que ignoraste la petición de ayuda y te quedaste en casa. —El hombre asintió con vergüenza—. Esa fue tu gran oportunidad de salvarle la vida a cientos de personas, con lo que hubieras ganado el respeto de todos ellos —continuó el ángel—. Por último, ¿recuerdas aquella hermosa mujer pelirroja que te había atraído tanto? La creías incomparable a cualquier otra y nunca conociste a nadie igual. Sin embargo, pensaste que tal mujer no se casaría con alguien como tú, y para evitar el rechazo nunca llegaste a proponérselo.

¡Decida hoy lo que quiere hacer mañana!

El hombre volvió a asentir, pero ahora entre lágrimas dijo:

—Sí, amigo mío.

—Ella podría haber sido tu esposa, —dijo el ángel—. Y con ella se te hubiera otorgado la bendición de tener hermosos hijos y multiplicar la felicidad en tu vida.

A todos se nos ofrecen a diario muchas oportunidades, pero muy a menudo, como el hombre de la historia, tomamos malas decisiones y dejamos pasar las oportunidades por nuestros temores e inseguridades.

Pero tenemos una ventaja sobre el hombre del cuento. ¡Aún estamos vivos!

Si queremos cambiar y ser campeones debemos tomar decisiones que nos lleven a ese lugar. Decida lo que quiere ser mañana. Decida hacia dónde va con su vida, qué es lo que quiere para su futuro.

Dios tiene para cada uno de nosotros una tierra prometida. Él ha puesto talentos, habilidades, entrega, arrojo, entusiasmo y dinamismo en nuestra vida. Él nos ha entregado fuerzas para poder llegar a nuestra tierra prometida, pero para eso tenemos que decidir caminar hacia allí. Nunca vamos a llegar si nos quedamos en el camino. La única manera de alcanzar la tierra prometida es caminando.

¿Dónde estamos ahora?

Si pensamos en «la tierra prometida» que Dios nos ha entregado, debemos conocer la historia del pueblo de

Israel quien obtuvo el lugar que Dios le prometió. Ellos vivieron mucho tiempo en Egipto, lugar que representa «esclavitud», porque el pueblo vivió allí como esclavo. También significa «aridez», una tierra lejana y distante que nos hace sentir como extraños y advenedizos allí. Significa «muerte, soledad y servidumbre». Sin embargo, al crearnos, Dios nos programó para triunfar y nunca deseó que viviésemos en el desierto. Nos hizo señores, no esclavos. Fuimos creados para señorear.

En Génesis capítulo 1, versículo 28 dice: «Fructificad y multiplicaos; llenad la tierra, y sojuzgadla, y señoread...». En ocasiones he comentado a manera de bromas que los hispanos hemos desarrollado muy bien la primera parte del mandato del Señor: Hemos fructificado, hemos multiplicado y literalmente hemos llenado la tierra.

Pero también nos dice «sojuzgad y señoread la tierra». Dios nunca nos destinó a la esclavitud. Desde el inicio Dios preparó las cosas para que usted fuera un «señor», juzgara y señoreara la tierra.

En la versión de la Biblia *Dios habla hoy*, el versículo de Jueces 6:8 dice: «Así dice el Señor y Dios de Israel: "yo los saqué a ustedes de Egipto, donde vivían como esclavos"».

Hay personas que han vivido toda su vida esclavizadas a algún vicio, a su trabajo, a alguna deuda, a un hábito, a un temor, a un error de su pasado, esclavizadas a una amistad, quizás equivocadamente. Al enemigo le encanta esclavizarnos con nuestras dudas y temores, pero no tenemos que vivir como esclavos, el Señor nos hizo libres para llevarnos a la tierra prometida.

¡Decida hoy lo que quiere hacer mañana!

Para romper las cadenas de esclavitud que Satanás tiene sobre su vida, lo único necesario es creer en nuestro Señor Jesucristo, porque Él ya rompió las cadenas en la cruz del Calvario y nos ha hecho libres para caminar hacia nuestra tierra prometida.

Para tomar una decisión con respecto al cambio en su vida es necesario responder las siguientes preguntas: «¿Dónde quisiera estar mañana? ¿Quiero vivir como siempre he vivido?» Si su padre fue un mal negociante, usted no tiene por qué serlo. Si su madre vivió en temor, usted no tiene por qué vivir así. El Señor quiere que usted camine hacia su tierra prometida.

Hoy, usted es fruto de lo que decidió ayer. Mañana usted será fruto de lo que decida hoy. ¿Cómo lo decidió?

Una visión espiritual

La visión es muy importante para establecer un objetivo claro. Es muy importante que usted se visualice donde le gustaría estar. Para ello debemos diferenciar dos tipos de visiones: la visión natural y la espiritual.

Generalmente pretendemos ver la vida únicamente con los ojos naturales, e inclusive nos ponemos lentes para ayudarnos a ver un poquito mejor. Con los ojos naturales vemos la vida de acuerdo a la mirada limitada de lo que podemos contemplar a nuestro alrededor.

Pero también están los ojos del espíritu. Estos son los que lo ayudarán a verse donde usted quiere y debe estar. Si usted no puede verse triunfante, victorioso y campeón,

¡Decida bien!

nunca lo logrará. Para poder tenerlo, primero lo tiene que visualizar.

En la Biblia encontramos un relato muy interesante en 2 de Reyes capítulo 6. Eliseo era un tremendo hombre de Dios, un profeta. Para ese tiempo, el pueblo de Israel se había metido en problemas con el pueblo sirio que le había declarado la guerra. Cuando el rey de los sirios acampaba estratégicamente, Dios le revelaba a Eliseo dónde estarían. Entonces Eliseo le avisaba al rey de Israel que no pasara por ese lugar. El rey de Siria se preguntaba quién sería el hombre que le estaba diciendo a los israelitas su estrategia. Pero Eliseo era simplemente un hombre que escuchaba a Dios.

Una noche el pueblo de Israel se acostó a dormir y el rey de Siria, enojado, sitió la ciudad donde vivía Eliseo. De repente, el siervo de Eliseo despertó por la mañana, y al correr las cortinas vio a los soldados rodeando la ciudad. Rápidamente le dijo a Eliseo: «Despierta, que nos han rodeado». Eliseo se dio vuelta en la cama y dijo: «Señor, ábrele los ojos a este pobre muchacho que no puede ver». El siervo exclamó: «¿Cómo que no puedo ver? ¡Sí que puedo hacerlo, y lo que veo son miles y miles de enemigos que nos rodean!». Eliseo se volteó otra vez en la cama y dijo: «Señor, ábrele los ojos a este pobre muchacho que no puede ver». Eliseo estaba mirando con los ojos espirituales y deseaba que su siervo aprendiera a mirar como él.

Eliseo oró por el siervo, quien miró nuevamente a través de la ventana y vio que detrás de los soldados enemigos había ángeles y soldados del Ejército de Dios rodeando el lugar.

Entonces Eliseo elevó otra oración: «Te ruego que hieras con ceguera a esta gente». Entonces les dijo que estaban en la ciudad equivocada y él mismo los guió a otra ciudad. Los sirios habían perdido el control. Cuando abrieron los ojos estaban rodeados por los israelitas. Tremendo mover de Dios.

Abra sus ojos espirituales. Muchas veces no nos gusta lo que vemos al abrir nuestros ojos naturales, por eso es tan importante que usted abra los ojos de su espíritu para que pueda ver los ángeles que Dios ha dispuesto a su alrededor. Si ahora mismo usted pudiera abrir los ojos espirituales, vería unos hermosos ángeles del Señor a su alrededor que lo están protegiendo.

Si usted pudiera mirar con sus ojos espirituales vería a los ángeles que rodean su vida cuando camina por la calle principal de su ciudad. Seguramente usted no los podrá ver con sus ojos naturales, pero los mirará con sus ojos espirituales.

Principio de la visualización

La Biblia enseña acerca del principio de la visualización. En el relato histórico de Génesis 15:5, el Señor llamó a Abraham y le pidió que levante sus ojos y mire los cielos. Luego le animó a contar las estrellas y le dijo: «Así como todas esas estrellas será tu descendencia, porque hoy cambio tu nombre. En lugar de llamarte Abram, te llamaré

Abraham». El significado del nombre Abraham es «Padre de Multitudes», pero en verdad este hombre ni siquiera tenía un hijo y ya estaba avanzado en edad.

Dios lo sacó de su casa para que vea la cantidad de estrellas en el cielo. Eso fue el principio de la visualización. Al contemplar las estrellas, Dios le estaba revelando a través de sus ojos naturales cuántos hijos espirituales tendría, y aún hijos naturales.

Dios le cambió el nombre a Abraham así como si usted cambiara el mío: «Marcos», por el de **«Míster Universo».** Usted se burlaría de mí. Así se burlaron de Abraham. Pero Abraham había visto con los ojos de su espíritu y creyó. ¡Alce sus ojos y vea todo lo que Dios tiene para usted!

Recuerdo la historia de un joven que vivía en México, D.F. y soñaba con ganar la carrera maratónica de la ciudad de Nueva York. Él se había enterado que el premio para el ganador era un automóvil Mercedes Benz nuevo. Ese era el vehículo que más le gustaba. Entonces recortó todas las fotografías de automóviles Mercedes Benz que promocionaban en la carrera y las colocó en las paredes de su recámara y de su sala.

El automóvil que el joven manejaba en su ciudad era un pequeño «Volkswagen escarabajo», pero tal era su ilusión que al capot le había pegado la insignia de Mercedes Benz. Sus amigos se burlaban pero él les decía: «Yo voy a ganar la carrera maratónica de la ciudad de Nueva York y tendré el Mercedes Benz. Entonces el que se reirá seré yo, porque el que ríe último, ríe mejor». Así fue que el muchacho comenzó a entrenar diariamente, pero su motivación estaba dada por las imágenes que veía constantemente en su casa del auto que tanto anhelaba.

Finalmente ganó el maratón de Nueva York, y cuando le preguntaron si los miles de dólares del premio fueron el incentivo para participar, el joven respondió: «Había una sola cosa que me motivó: el Mercedes Benz. Yo puse el automóvil delante de mí y anduve por todos lados con mi Mercedes Benz en la frente. Pude visualizarme manejando ese automóvil». Cuando finalizó su discurso ganador le dieron las llaves y se fue a la ciudad de México en su Mercedes Benz.

¿Qué es lo que usted visualiza? ¿Se visualiza manejando autos viejos? Si usted se visualiza manejando bicicletas siempre manejará bicicletas. ¿Qué ve con los ojos de su espíritu? ¿Se ve con un trabajo nuevo? ¡Lo tendrá! ¿Puede verse libre de deudas? ¡Será libre de deudas! ¿Puede verse libre de temor? ¡Será libre de temor! ¿Puede verse con la mujer de sus sueños? ¡Usted la tendrá!

Para llegar al lugar de sus sueños debe tomar decisiones correctas. Hoy mismo debe comenzar a caminar por ese sendero. Si Pedro se hubiera quedado en el barco no hubiera caminado sobre el agua. Si usted también quiere hacerlo deberá salir de su barco.

¿Cómo lograrlo?

Si usted desea alcanzar sus sueños acepte mis consejos para lograrlo:

¡Decida bien!

1. ¡Empiece a caminar!

Dios le dijo a Abraham, según cuenta el libro de Génesis 12:1, que dejara su tierra, sus parientes y la casa de sus padres para ir a una tierra que Él le mostraría. Cuando Abraham partió hacia ese lugar que Dios le dijo, no sabía hacía dónde se dirigía, pero él confiaba en el Señor. Quizá hoy usted no sabe adónde va, pero confíe en el Señor y empiece a tomar decisiones para que Dios lo guíe en cada paso hasta que llegue a su tierra prometida.

2. Rodéese de personas que piensen igual que usted

Si vive rodeado de gente negativa, deprimida, temerosa, salga de ese círculo y busque uno nuevo en el que haya gente alegre, festiva, llena de gozo del Señor, y sobre todo, optimista y positiva acerca del mañana.

La Biblia habla mucho acerca de las personas que Dios pone a nuestro alrededor. En Eclesiastés capítulo 4 nos dice que mejor son dos que uno. En Génesis 1, dice el Señor que no es bueno que el hombre esté solo. Algunos utilizan este pasaje para el matrimonio únicamente, pero ese versículo también hace referencia a la amistad. No es bueno que andemos solos, búsquese gente que le ayude. En Proverbios 27:17 dice: «Hierro con hierro se aguza; y así el hombre aguza el rostro de su amigo», y eso hace la buena amistad.

Busque maestros, consejeros, personas que lo ayuden en sus momentos de debilidad. Encuentre personas que le amen a pesar de sus errores y de sus fallas.

Busque personas que le amen aún cuando usted se derrumba, esas personas estarán allí para levantarlo.

Le doy tantas gracias al Señor por mi esposa Miriam, que me ama a pesar de mis errores y de mis flaquezas. Siempre ha estado a mi lado para levantarme, me ama a pesar de quien soy. Búsquese una persona que lo ayude y le diga: «Lávate la cara y cambia ese gesto, péinate un poco y ponte a confiar y caminar hacia tu tierra prometida».

3. Comience con metas pequeñas

Vez tras vez escucho a personas decir que quieren ganar al mundo para Cristo, pero no han ganado ni a su vecino. Empiece con metas pequeñas que lo llevarán a metas más grandes. Las victorias chiquitas le darán victorias más grandes. Las victorias más grandes le darán victorias gigantescas.

Los jóvenes dicen: «Yo quiero ser millonario», pero no saben diezmar ni ofrendar de los ahorros que tienen ahora, entonces ¿cómo van a ofrendar con varios millones? Si usted no es fiel con lo poco, Dios nunca le dará más, porque Él le da más a los que son fieles con poco. Además, tenemos que aprender cómo funciona el dinero.

Algunos dicen: «Yo quiero volar en avioneta». Entonces comience cuidando bien el pequeño automóvil que tiene ahora, porque así podrá algún día recibir un jet.

Si usted quiere ganar el mundo para Cristo, entonces comience a predicar las Buenas Nuevas de Jesucristo a su familia, a sus vecinos y a sus compañeros de trabajo.

¡Decida bien!

Camine hacia sus metas

Comience hoy a ver con los ojos de su espíritu para poder llegar a su tierra prometida. Decida visualizar con los ojos del espíritu el lugar donde habitará cuando llegue a la tierra prometida. Establezca las metas que le ayudarán a llegar a su tierra prometida. Empiece a caminar con fe y con una sonrisa hacia su destino.

¡Decida hoy lo que quiere hacer mañana!

¡DECIDA BUSCAR AMISTADES QUE TENDRÁN UNA INFLUENCIA POSITIVA EN SU VIDA!

Capítulo 4

¡Decida quiénes serán sus influencias!

Unos soldados que eran amigos fueron juntos a la guerra, y solo uno de ellos regresó:

—Mi amigo no volvió del campo de batalla, Teniente. Solicito permiso para ir a buscarlo, —dijo un soldado a su superior.

—Permiso denegado, —replicó el oficial—. No quiero que arriesgue su vida por un hombre que probablemente ha muerto.

El soldado no hizo caso a la prohibición, salió, y una hora más tarde regresó mortalmente herido, transportando el cadáver de su amigo.

El oficial estaba furioso:

—¡Ya le dije yo que había muerto! Dígame, ¿merecía la pena ir allá para traer un cadáver?

Y el soldado, moribundo, respondió:

—¡Claro que sí, señor! Cuando lo encontré, todavía estaba vivo y pudo decirme: 'iEstaba seguro que vendrías!'.

¡Cuán importante es escoger bien con quienes vamos a hacer el viaje de nuestra vida! Muchas veces estamos rodeados de personas que influyen negativamente en las circunstancias que nos rodean, en los pensamientos, en las maneras de hablar y de hacer las cosas. Y seguramente esta influencia no conviene para nuestra vida. Tenemos que escoger bien con quiénes vamos a transitar el camino de la vida.

Usted es la única persona que puede decidir acerca de quién influenciará su vida. Usted es quien debe seleccionar con qué tipo de amigo desearía transitar el camino que le queda por avanzar. Únase con personas que lo influenciarán bien y que lo sostendrán y ayudarán en momentos de dificultad.

Con quién anda...

El Salmo 1 comienza diciendo: «Bienaventurado el varón que no anduvo en consejo de malos, ni estuvo en camino de pecadores, ni en silla de escarnecedores se ha sentado; sino que en la ley de Jehová está su delicia, y en su ley medita de día y de noche. Será como árbol plantado junto a corrientes de aguas, que da su fruto en su tiempo, y su hoja no cae; y todo lo que hace, prosperará» (vv. 1-3). Bienaventurado significa «miles de bendiciones y dignas de ser envidiadas».

La promesa declara que la prosperidad vendrá a su vida sobre «todo lo que hace», de acuerdo a las personas con quien se haya juntado y de quien haya recibido consejo. Dice que seremos como árboles plantados junto a corrientes de aguas. La Palabra de Dios es como agua, y nosotros podemos beber de ella para ser árboles frondosos, llenos de frutos buenos. Las personas podrán ver nuestros frutos y glorificarán al Señor que está en los cielos. Por esa razón es importante que usted no se una con pecadores, escarnecedores.

Los «nutricionistas» dicen que somos lo que comemos. Si nos alimentamos bien tendremos buena salud. Si comemos mal tendremos todo tipo de problemas: diabetes, colesterol, indigestión, y otros males.

De la misma manera ocurre con nuestra salud espiritual. Nuestro hombre espiritual recibe influencia de cada uno de los sentidos a través de:

1. Lo que lee
Todo aquello que entra por nuestra vista llega a nuestra alma y nuestro espíritu. Si acostumbramos a leer periódicos amarillistas, alarmistas, al tiempo nos volveremos iguales.

2. Lo que escucha
Si siempre oímos música deprimente, triste, con letras que dicen: «Te fuiste, me dejaste, ya no sé qué hacer.

Ay, ay, ¡qué agonía! Dios mío, ¿cómo lo superaré? ¡Rebecca! ¿Cuándo regresas?». Estos mensajes se imprimirán en nuestro espíritu y terminaremos depresivos llorando el pasado.

3. Lo que mira

Es lamentable ver cuántos programas de violencia hay en la televisión. En muchos de ellos se pelean, se lastiman y se reclaman. Haciendo «zapping» con el control remoto de la televisión, pienso: «¿De dónde sacan esta gente?». Me da tanta compasión por ellos, pero si nosotros los miramos seremos así.

4. Lo que habla

Tenga cuidado con lo que habla. La Biblia dice que su lengua tiene el poder de la vida o de la muerte (vea Pr 18:21). Es importante hablar «vida» porque ya hay mucha gente que habla muerte.

«Dios los cría y ellos se juntan»

Si usted está rodeado de personas altaneras y orgullosas, al tiempo usted también será igual. Es importante escoger bien a nuestros amigos. Tenga cuidado con las influencias que está dejando entrar a su espíritu y a su corazón.

Job se llevó una sorpresa con los amigos que tenía. El consejo que recibió de ellos fue: «Abandona a Dios». Cuando tus amigos te están aconsejando en contra de Dios, es tiempo de cambiar de amigos.

¡Decida quienes serán sus influencias!

«Todos mis íntimos amigos me aborrecieron, y los que yo amaba se volvieron contra mí» (Job 19:19). Las malas compañías corrompen los buenos hábitos. Cuanto más tiempo pasemos con ellos, más nos pareceremos a ellos.

Para saber cómo escoger amistades debe responderse algunas preguntas:

1. ¿Cómo hablan mis amigos?

«El ungüento y el perfume alegran el corazón, y el cordial consejo del amigo, al hombre» (Pr 27:9). Si las palabras que su amigo habla son de bien es porque hay cosas buenas en su corazón. Si su amigo habla mal es porque algo anda mal en su corazón. Jesús declaró esto al decir: «de la abundancia del corazón habla la boca» (Mt 12:34). Reúnase con amigos que tienen el bien en su boca.

Crecí en la ciudad de Durango, allí tengo un amigo desde hace muchos años. Él me llevaba a jugar golf y en algún momento, no sé por qué, comenzó a decirme «compadre». Desde entonces nos llamamos con esa familiaridad y confianza. Él se llama «Chava Santiesteban» y una de las cosas que más extraño de no vivir más en esa ciudad son los juegos de golf con él. Aprendí muchas cosas viéndolo interactuar con otras personas. El respeto que manifiesta hacia los demás, el cuidado al decir las cosas, la manera en que trata a las señoras. Es un hombre elegante, un hombre de campo, rústico, pero que conoce el tacto, el buen hablar. Aprendí mucho de mi amigo porque es una persona que tiene el bien en su boca.

2. ¿Traen mis amigos un buen informe?

Esta es la segunda pregunta que debo hacerme. Cuando estoy con ellos, ¿me hablan cosas buenas o negativas? Una vez Dios usó a mi esposa para llamar mi atención sobre un asunto. Ella me dijo algo muy interesante. Yo tenía un grupo de amigos que cada vez que pasaban por mi casa o estábamos juntos se me quejaban o me pasaban un mal informe. Me decían: «Marcos, como te queremos tanto debemos decirte esto», y procedían a decirme algún chisme, informe negativo o ambas cosas. Entonces comenzaba a sentirme mal después y le contaba a mi esposa Miriam lo que me habían comentado «mis amigos». Un día, ella, con su vocecita tierna me dijo: «Marcos ¿no te has dado cuenta que siempre que te juntas con ellos te traen un informe negativo?». Entonces, caí en cuenta y dije: «Es verdad». Empecé a enterarme que necesitaba tomar distancia de esos amigos. Poco a poco se fueron alejando, y gracias a Dios ya no recibí más esos informes negativos.

3. ¿Manifiestan mis amigos la paz de Dios?

Esa es la tercera pregunta que usted necesita hacerse. Cuando sus amigos llegan a su casa ¿traen consigo tranquilidad y paz o vienen acompañados de una nube negra con rayos y centellas? Usted conoce esa gente que entra a su casa y al instante empieza a tronar y relampaguear. Si cuando usted abre la puerta para que ellos entren, junto con ellos entra una brisa fresca de paz a la sala de su casa, esa es la gente con la que usted debe reunirse. Esa es gente buena.

4. ¿Cómo puedo saber qué clase de amigos tener?

La respuesta la hallará en Mateo 7:17-20. Jesucristo dijo: «Así, todo buen árbol da buenos frutos, pero el árbol malo da frutos malos. No puede el buen árbol dar malos frutos, ni el árbol malo dar frutos buenos. Todo árbol que no da buen fruto, es cortado y echado en el fuego. Así que, por sus frutos los conoceréis».

Debe tener amistad con hombres y mujeres que demuestren frutos de paz, de misericordia, de bendición, de benevolencia. Con ellos reúnase todas las veces posibles, si su horario se lo permite. Con gente de paz que tiene los frutos del Espíritu: amor, gozo, paz, paciencia, benignidad, mansedumbre, templanza, es con quienes tiene que juntarse. Esa gente es buena influencia.

«Al que a buen árbol se arrima, buena sombra le cobija»

En la Biblia leemos acerca de una familia muy interesante, no sabemos su apellido pero sí los nombres de los tres hermanos que la componían: María, Marta y Lázaro.

A Marta le gustaba mucho cocinar ricas comidas para Jesús. A María le encantaba sentarse a sus pies y escucharlo enseñar. Jesús, que también era amigo de Lázaro, pasaba hermosos momentos de alegría y armonía junto a ellos. Él fue una buena influencia para esa familia. Él estuvo allí para ayudarlos porque ellos escogían bien sus amistades.

¡Decida bien!

¿A quién ha escogido para escuchar? ¿A qué autor para leer sus libros? ¿A qué cantante está escuchando? ¿Qué persona influenciará su vida y cómo saber escogerla?

El texto de Filipenses 4:8 dice: «Por lo demás, hermanos, todo lo que es verdadero, todo lo honesto, todo lo justo, todo lo puro, todo lo amable, todo lo que es de buen nombre; si hay virtud alguna, si algo digno de alabanza, en esto pensad».

Estos son los parámetros para todas sus influencias.

Si usted va a leer algo o va a buscar un nuevo amigo, que sea algo verdadero, honesto, puro, de buen nombre. Esa es la manera de medir cuáles serán nuestras influencias. Usted puede hacer algo para arreglar las malas influencias en su vida. Tal vez hay personas de las que necesita tomar distancia. Pídale al Señor que le dé la oportunidad de poder hacerlo.

Tal vez hay personas de las que usted no tiene manera de alejarse, por ejemplo, familiares cercanos que usted reconoce que son una mala influencia. Para este caso le voy a dar unos consejos prácticos:

Número uno: Pídale al Señor que primero le muestre sus propios errores. Humíllese y luego Dios le dará la oportunidad de ser un sembrador de paz en su casa y entre su familia.

Número dos: Muestre un espíritu diferente, opuesto. Por ejemplo: Si alguien le muestra a usted el espíritu de chisme, muéstrele el espíritu opuesto. Hable una

¡Decida quienes serán sus influencias!

verdad que anime a los que están escuchando. Si alguien le habla una palabra de crítica, muéstrele el espíritu opuesto, que es el hablar bien de los demás.

Número tres: Pídale al Señor que los cambie a ambos. «Señor, cambia mi familia y cámbiame a mí. Ayúdame Señor a poder ser una mejor influencia para ellos». No espere que esto ocurra de un día para otro, porque lo que tardó todo un año o una vida en edificar, no podrá cambiarlo en un día. Pero Dios quiere ayudarnos a cambiar.

Número cuatro: Pídale al Señor que le dé paciencia. A veces es difícil estar rodeado de gente negativa, con malos pensamientos. Pero tal vez usted sea la persona que los influencia a ellos positivamente.
¡Decida buscar amistades que tendrán una influencia positiva en su vida!

¡DECÍDALO HOY!
SI SIEMBRA PERDÓN,
COSECHARÁ PERDÓN

Capítulo 5

Decida perdonar

Una maestra le pidió a cada uno de sus alumnos que llevaran a la escuela una bolsa de plástico transparente y una bolsa de papas. Les dijo que escogiesen una papa por cada persona que rehusasen perdonar en su vida, que escribieran sobre ella el nombre y la fecha, y que la pusieran en la bolsa de plástico. Algunas de esas bolsas, como podrán imaginarse, resultaban bastante pesadas.

Entonces les dijo que debían llevar esas bolsas con ellos a todo lugar donde fueran durante una semana. Debían colocarla junto a su cama por las noches, en el asiento del autobús mientras se transportaban y junto al escritorio de estudio.

¡Decida bien!

La molestia de estar llevando la bolsa para todos lados dejó en evidencia cuánto peso ellos estaban cargando espiritualmente y el nivel de atención que debían prestarle en todo momento para no olvidarla. Naturalmente, la condición de las papas se deterioró hasta convertirse en una masa putrefacta. ¡Aquella fue una gran metáfora del precio que pagamos por almacenar nuestro dolor y una pesada negatividad!

Muchas veces pensamos que el perdón es como un regalo a la otra persona y, aunque aquello sea cierto, ¡también viene a ser claramente un regalo para nosotros mismos!

«Seguid la paz con todos, y la santidad, sin la cual nadie verá al Señor. Mirad bien, no sea que alguno deje de alcanzar la gracia de Dios; que brotando alguna raíz de amargura, os estorbe, y por ella muchos sean contaminados» (Heb 12:14-15).

La falta de perdón impide avanzar en la vida. Es uno de los obstáculos mayores en el camino hacia nuestro destino. La falta de perdón es como una enfermedad que ingresa a nuestra vida y comienza a destruirnos de adentro para afuera, igual que un cáncer.

La Biblia nos advierte que no ignoremos las maquinaciones de Satanás. Una de las estrategias que utiliza con mayor frecuencia es la contención, la ofensa, para traer división y falta de perdón.

Hoy en día hay muchas enfermedades relacionadas directamente con la falta de perdón. Mi buen amigo, el doctor Francisco Contreras, quien tiene un hospital especializado en patologías cancerígenas en la ciudad de

Tijuana, Baja California, confirmó lo siguiente: «Existen muchos estudios clínicos que concluyen en que las emociones negativas provocan un impacto fisiológico negativo en el sistema inmunológico. Esto abre la puerta a todo tipo de enfermedades, incluyendo el cáncer. Las emociones de la amargura y el resentimiento provocado por la falta de perdón son poderosas. Es por esta razón que trabajamos mucho con los pacientes del Hospital Oasis para ayudarles a entregar esas emociones negativas a Dios y recibir los frutos del Espíritu Santo para llenar los espacios que en otro tiempo fueron ocupados por pensamientos insanos. Las terapias que utilizamos incluyen la consejería, enseñanzas positivas, terapia de la risa, terapia musical y testimonios de victoria. Una de las estadísticas que más se citan es la de un estudio médico que afirma que: "Un minuto de enojo deprime el sistema inmunológico por seis horas. Pero un minuto de risa estimula el sistema inmunológico por veinticuatro horas"».

Si usted no puede dejar de lado el resentimiento, la amargura, la falta de perdón, está echando a perder su cuerpo, su espíritu y su alma. Es necesario el perdón para que la salud de Dios invada su vida entera.

Una enfermedad mortal

La puerta se abrió abruptamente, aquel hombre, pistola en mano, presionó el gatillo y uno a uno cayeron cinco hombres. Al ser detenido por la policía, su declaración fue: «Hace siete años yo era trabajador de esta empresa y tenía derecho a ser ascendido. Cuando llegó el momento, ellos se opusieron y yo no dije nada, sólo me fui del trabajo, pero he estado con esa espina dentro hasta hoy que he tomado venganza».

Está el caso de dos hermanas solteras que compartían una misma vivienda, pero un día riñeron entre sí y decidieron no dirigirse jamás la palabra. Dividieron la casa con un fuerte trazo de tiza que separaba los dos dominios: la puerta de entrada, la sala, cocina, dormitorio y así todas las habitaciones. Cada una se cuidaba de no violar el territorio de la otra. A medida que pasaban los años se odiaban más y más, y finalmente murieron separadas bajo un mismo techo.

El odio y la venganza son moneda corriente en nuestros días, pero la Biblia dice: «Seguid la paz con todos». Y luego dice: «Cuidado, no sea que alguno deje de alcanzar la gracia de Dios por alguna raíz de amargura» (vea Heb 12:14-15). Hay gente que durante toda la vida camina con una raíz de amargura que contamina su corazón. Muchas veces esas raíces ya son árboles que por años crecieron dando malos frutos y contaminando la vida.

El Señor advierte: «Mirad bien, no sea que alguno deje de alcanzar la gracia de Dios». Tal vez usted piense: «Yo no voy a permitir que eso me suceda nuevamente, soy enérgico». Hay quienes piensan: «Si me lo hacen una vez, la vergüenza es suya, pero si me lo hacen dos veces, la vergüenza es mía», y utilizan esa actitud negativa como excusa para la venganza.

Decida perdonar

La Biblia dice: «No os venguéis vosotros mismos, amados míos, sino dejad lugar a la ira de Dios; porque escrito está: Mía es la venganza, yo pagaré, dice el Señor» (Ro 12:19). El Señor es quien se hará cargo de todo, no usted. No se preocupe por vengarse, Él lo hará por usted. Deje que Él se encargue, ya que puede hacerlo mucho mejor que usted.

Hace muchos años le comenté (en son de queja) a un gran hombre de Dios, avanzado en años, llamado Fermín García: «Don Fermín, me hicieron aquello... y andan diciendo mentiras acerca de mí..., y yo no entiendo por qué me atacan tanto». Entonces me dijo: «Marcos, permanece en la paz de Dios. Acuérdate que si tú peleas, Dios no puede pelear por ti. Si tú dejas de pelear, entonces Dios puede pelear por ti. Deja que Dios pelee tus batallas». Esa fue una gran enseñanza para mi vida.

«Cuando los caminos del hombre son agradables a Jehová, aun a sus enemigos hace estar en paz con él» (Pr 16:7).

Un recuerdo

Hay personas que no sueltan los recuerdos, no los dejan ir. Viven recordando y reviviendo cada memoria. Olvídese del pasado y extiéndase hacia adelante. Deje que el Señor se encargue de esa ofensa, de ese dolor. Aprenda a tener memoria selectiva. ¿Qué quiere decir «memoria selectiva»?

En mi computadora tengo ciertas cosas que guardo en mi disco duro, y otras que no quiero conservar allí.

Entonces, cuando no quiero que algo quede grabado, simplemente con el poder de un dedo, oprimo un botón que dice «borrar», y lo borro.

En mi computadora personal yo escojo los archivos que quiero conservar y los que quiero borrar. De la misma manera en el disco duro que Dios nos ha dado: nuestra memoria. A veces este disco duro es muy duro, pero con el poder de un dedo usted puede presionar y borrar esos archivos en el nombre de Jesús, para no recordar las cosas desagradables que le hicieron. Es necesario tener memoria selectiva para escoger las cosas que desee recordar. Por ejemplo, no olvide los buenos tiempos que vivió con esa persona que le hizo el daño. Recuerde las bendiciones que disfrutaron juntos. Recuerde lo bueno, y para todo lo demás presione el botón de «borrar» para eliminarlo del disco duro de su mente.

La Biblia enseña «La cordura del hombre detiene su furor, y su honra es pasar por alto la ofensa» (Pr 19:11). Si alguien lo insulta, el Señor le dice que pase por alto la ofensa. Si alguien aceptó la felicitación que le correspondía a usted en su trabajo, ¿cuál es su actitud? Pase por alto esa ofensa y no permita que entre en su corazón, porque de esa manera estará lleno de honra.

Dios le da la oportunidad de tener honra simplemente por pasar por alto la ofensa. Pero usted dice: «Después de lo que me hizo no puedo verlo ni en pintura. No lo soporto». Sin embargo, la Palabra de Dios también nos habla de eso: «Soportándoos unos a otros, y perdonándoos unos a otros si alguno tuviere queja contra otro.

Decida perdonar

De la manera que Cristo os perdonó, así también hacedlo vosotros» (Col 3:13).

Sólo podemos amar, soportar y perdonar cuando comprendemos la manera en que Cristo nos perdonó, así también nosotros tenemos que perdonar. Dios obrará a su favor dependiendo de su decisión de perdonar.

Leía una historia acerca de un niño de siete años que viajaba en el asiento posterior del auto entre su hermano y hermana más grandes. La madre conducía, y ese día estaba especialmente distraída, ya que el padre los había abandonado hacía poco tiempo. De pronto, en un momento de ira y por algo sin importancia, se volvió y abofeteó al niño de siete años. Le gritó: «¡Y tú! Nunca te quise. La única razón por la que te tuve fue para retener a su padre. Pero de todos modos se fue. Te odio».

La escena fue sellada para siempre en la memoria del niño. Con el paso de los años la madre reforzó los sentimientos hacia él al encontrar faltas constantes en lo que hacía. Años después, ese hijo le dijo a su consejero: «No recuerdo cuántas veces en los últimos veintitrés años he revivido esa experiencia. Quizá miles». Continuó, «pero hace poco me puse en los zapatos de mi madre. «Ella era una estudiante de bachillerato sin habilidades, dinero ni trabajo, y una familia a la cual mantener. Entendí lo sola y deprimida que debió sentirse. Pensé en la ira y dolor que debió sentir y pensé en cuánto le recordaba el fracaso de sus esperanzas. De modo que un día decidí visitarla y hablar con ella. Le dije que comprendía sus sensaciones y que la seguía amando.

Ella se derrumbó y ambos lloramos, durante lo que parecieron ser horas. Fue el principio de una nueva vida para ella y para mí: para ambos», confesó el joven muchacho.

En Mateo capítulo seis, versículos catorce y quince, Jesucristo dijo estas palabras: «Porque si perdonáis a los hombres sus ofensas, os perdonará también a vosotros vuestro Padre celestial; mas si no perdonáis a los hombres sus ofensas, tampoco vuestro Padre os perdonará vuestras ofensas». Debe escoger lo que dejará grabado en su disco duro. Decídase a perdonar. Deje su pasado atrás. Todos necesitamos saber que el Señor nos perdona cada día.

Hay un gran hombre de Dios puertorriqueño que se llama Yiye Ávila. Este tremendo evangelista llena los estadios en América Latina y miles han escuchado la Palabra de Dios a través de sus predicaciones. En un momento dado de su vida, cuando estaba experimentando un gran auge en su ministerio, le sucedió algo terrible. En la ciudad de Miami, su hija fue apuñalada a cuchilladas, hasta morir, a manos de su propio esposo. El esposo de su hija recibió 35 años de cárcel. Yiye y su esposa, Carmen, se encargaron de criar a sus nietos.

Yiye Ávila sintió el gran golpe de esa pérdida. Se encerró en su casa por nueve días para ayunar y orar: «¿Qué sucedió? ¿Por qué mi hija tuvo que morir de una manera tan horrible?» Y el Señor le dijo: «El diablo quiere que dejes de creer todas aquellas cosas en las que has estado predicando. Él quiere poner fin a tu ministerio». Entonces este evangelista entendió, y viajó a Miami para visitar a su yerno en la cárcel. Él debía perdonarlo y mostrarle el amor de Cristo.

Cuando pidió una cita para reunirse con él, los directores de la cárcel estaban preocupados porque pensaban que venía a vengarse, y le pusieron guardias alrededor para cuidarlo y vigilarlo. Pero la sorpresa fue cuando vieron a este tremendo hombre de Dios arrodillarse, besarle los pies y comenzar a decirle: «Cristo te ama, yo te amo y te perdono por lo que le hiciste a mi hija». Hoy día este hombre sirve al Señor dentro de la cárcel, está como ayudante del capellán y le escribe a Yiye frecuentemente. Por su parte, Yiye y Carmen lo ayudan económicamente. Ese hombre entregó su vida a Dios por el amor que vio en Yiye Ávila. Ese es el amor de Dios.

Yiye Ávila escogió pensar con memoria selectiva. Él decidió no recordar que ese era el asesino de su hija, sino que era un hombre necesitado de Dios. Usted debe aprender a utilizar su memoria para bien y no para mal.

Espíritu de perdón

Para vivir con esta clase de perdón se requiere de una nueva manera de vivir. No podemos vivir como todos a nuestro alrededor, tenemos que hacerlo de una forma distinta. No podemos pensar de la misma manera que todo el mundo piensa, porque todos hablan de venganza, de odio. El Señor nos llama a una manera más alta de vivir.

«Entonces se le acercó Pedro y le dijo: Señor, ¿cuántas veces perdonaré a mi hermano que peque contra mí? ¿Hasta siete?». La ley de los judíos requería perdonar tres veces a la misma persona cada día.

Pedro pensaba: «Voy a quedar bien con el Señor preguntándole cuántas veces debo perdonar. Si la ley dice hasta tres, mejor vamos a doblarlo a seis y ponerle un pilón hasta siete». Él creía que el Señor le diría: «Pedrito eres mi discípulo favorito, por eso te quiero tanto». Pero de repente el Señor le dice: «No te digo hasta siete, sino aun hasta setenta veces siete» (Mt 18:22). Cuando Jesús dijo esto no era para que llevemos la cuenta. Más bien, Él se refería a un espíritu de perdón, como el de Yiye Ávila. Él desea que caminemos en un espíritu de perdón.

Para caminar en el perdón es necesario tener **una nueva manera de hablar.**

«Bendecid a los que os persiguen; bendecid, y no maldigáis» (Ro 12:14).

Para caminar en el perdón es necesario tener **una nueva manera de pagar**.

Cuando alguien nos hace algo decimos: «Ahora sí que me las vas a pagar». La Biblia dice: «No paguéis a nadie mal por mal» (Ro 12:17). Dios quiere que usted pague bien por mal, pero eso requiere de una nueva manera de vivir.

Para caminar en el perdón es necesario tener **una nueva manera de actuar**.

Decida perdonar

«Si tu enemigo tuviere hambre, dale de comer; si tuviere sed, dale de beber» (Ro 12:20). Esta es la manera en que el Señor quiere que usted y yo vivamos.

Escuché al evangelista Alberto Mottesi contar la siguiente historia. Había una mujer mexicana a la que llamaban «La güera». Ella vivía en Arizona y su vida era terrible. Una noche mientras asaltaba a una persona, mató a un jovencito. La apresaron y la deportaron a México. Permaneció por muchos años en la cárcel de Hermosillo, México. Luego de muchos años de encierro, una cristiana llamada Panchita comenzó a pasar cada día por la celda de «La güera» y le decía: «Cristo te ama». La güera la insultaba, la ofendía y se burlaba de Dios, pero la hermana Panchita seguía pasando cada semana. Un día «La güera» la desafió, le dijo: «Si ese Dios tuyo es tan grande, encuentra a las dos hijas que me quitaron cuando me llevaron a la cárcel». La hermana Panchita tomó eso como un desafío y empezó a buscar a las dos hijas de esta mujer. Finalmente las encontró en Arizona y las llevó a Hermosillo, México, para que vieran a su madre. Llegó ante la celda de «La güera» acompañada de sus dos hijas, una de cada mano. Al verlas desde su celda, esa madre empezó a llorar y sintió lo que era el amor verdadero de Dios expresado en la hermana Panchita.

«La güera» se entregó a Cristo, finalizó su sentencia, salió de la cárcel y viajó por varias ciudades compartiendo el testimonio de cómo Dios la había perdonado y restaurado. Un día estaba en Arizona predicando, cuando de repente se levantó un hombre de entre la congregación gritando: «Esa es la mujer que mató a mi hijo. Esa es la mujer que busqué toda mi vida porque mató a mi hijito». Minutos después el hombre comenzó a decir: «Pero ahora ella es una mujer cambiada por el poder del amor de Dios, igual que yo. Hace dos años también entregué mi vida a Jesús. Él me ha perdonado y yo la perdono a ella». Este hombre perdonó públicamente a «La güera», la asesina de su hijito.

El poder del perdón liberará su vida como ninguna otra cosa puede hacer.

Decídase a perdonar

No lo podrá hacer con sus propias fuerzas, pero sí con las fuerzas del Señor, que vive dentro de nosotros.

Si desea caminar en un espíritu de perdón tome en cuenta estas consideraciones:

Número uno: Ore para que el Señor limpie su corazón de toda amargura. Usted no puede continuar viviendo con esa falta de perdón.

Número dos: Busque oportunidades para bendecir a los que le maldicen, y hacer el bien contra aquellos que le han hecho daño.

Numero tres: Si es posible, y si se presenta la ocasión, converse con la persona que lo ha ofendido. Si usted ofendió a alguien, humíllese y pídale perdón. Permita que el

Decida perdonar

Señor obre. No escriba una carta, porque no hay necesidad de documentar la ofensa para que quede archivada. De ser posible, hable directamente con la persona y humíllese. Si la persona no sabe que usted se sintió ofendido por ella, deje las cosas así, y póngalo bajo la sangre de Jesús. La sangre de Jesús se encargará de eso.

Si la persona que lo ofendió, o a la cual usted ofendió, está muerta o inlocalizable, confíe que el Señor conoce su corazón y Él se encargará de todas las cosas.

«Humillaos, pues, bajo la poderosa mano de Dios, para que él os exalte cuando fuere tiempo» (1 P 5:6)

Jesucristo dijo: «Porque el que se enaltece será humillado, y el que se humilla será enaltecido» (Mt 23:12).

¡Decídalo hoy! Si siembra perdón, cosechará perdón.

¡DECIDA CRECER EN FE TODOS LOS DÍAS!

Capítulo 6

Decida vivir creyéndole a Dios

Leí una historia interesante acerca de un alpinista. Un día, mientras escalaba un gran monte, al resbalarse perdió totalmente el equilibrio. En una fracción de segundo cayó, pero logró aferrarse a una rama. El miedo le sobrevino y gritó:

—¡Socorro! ¿Hay alguien ahí?

—Estoy aquí, soy tu Dios, —dijo una voz fuerte.

—Oh Dios, ¡qué alegría encontrarte aquí!, sálvame por favor.

—¿Quieres que te salve?, —respondió Dios— pero antes de eso necesito hacerte una pregunta: ¿De verdad me crees?

—Por supuesto que sí, Señor. Yo soy cristiano; voy a la iglesia todos los domingos.

—Bien, —dijo el Señor— entonces suéltate de esa rama ahora mismo.

—¿Qué? ¿Qué has dicho?, —le preguntó el alpinista.

—Si en verdad me crees, quiero que te sueltes de esa rama, —le contestó Dios.

Esta indicación dejó sin palabras al alpinista. Poco tiempo después gritó aún más fuerte:

—¿Acaso no hay otro que me ayude por ahí?

Dios quiere decirle que se suelte de esa rama de creencias personales a la que está aferrado. Suelte esa rama de temor y comience a creer que Dios quiere hacer grandes cosas en su vida. Suéltese de esa ramita de pensar en pequeño. Empiece a creer que Dios tiene grandes cosas para su vida, que Él quiere que se levante en el poder de su fuerza y que haga grandes cosas para Él.

Un misionero en África se encontró con una gran dificultad mientras trataba de traducir el Evangelio de Juan al dialecto local. Enfrentaba el problema de encontrar una palabra para comunicar la idea de creer. Se esforzaba mucho, pero siempre tenía que dejar un espacio en blanco cuando llegaba a esa palabra en particular.

Entonces un día, alguien llegó al campamento corriendo y jadeando después de haber recorrido una gran distancia con un mensaje muy importante. Cuando hubo contado su historia abruptamente, se desplomó completamente exhausto en una hamaca cercana. Dijo en voz baja una breve frase que parecía expresar tanto su gran cansancio como su contentamiento por encontrar tan exquisito lugar para relajarse. El misionero, que nunca antes había escuchado esas palabras, preguntó a un espectador qué había dicho el que llegó corriendo. «Oh, lo que está diciendo es: "He llegado al final de mis fuerzas, por tanto echo todo mi peso aquí."» El misionero exclamó: «¡Alabado sea Dios! Esa es la misma expresión que necesito para la palabra creer.» Y así pudo terminar su traducción. La fe no es más que tomarle a Dios la palabra.

Hoy es tiempo de decidir vivir creyéndole a Dios y a su Palabra. Tome la decisión de crecer en fe todos los días. Decida apagar las voces de la duda en su vida, pero para esto se requiere de una decisión: empezar a creerle a Dios.

Decida pensar con fe

Usted necesita tomar la decisión de pensar con fe. Incorpore la fe a su manera de pensar. En el libro de los Proverbios leemos: «Porque cual es su pensamiento en su corazón, tal es él» (23:7). Así como piensa en su corazón usted será. Si usted piensa que no es nadie, lo será.

El primer lugar donde necesita encontrar fe es en su pensamiento. Si pensamos con fe, esto nos llevará a alcanzar grandes cosas. Un hombre le dijo al Señor: «Ayuda mi incredulidad». Y el Señor respondió: «Si puedes creer, al que cree todo le es posible» (Mc 9:23). Algunos de nosotros tendríamos que pedirle al Señor que ayude nuestra incredulidad. De repente miramos a nuestro alrededor, escuchamos lo que la gente está diciendo y recurrimos a la incredulidad. Por esa razón, a través de este libro quiero motivarlo a que levante sus alas de fe y empiece a volar en las alturas de los cielos. Allí es donde el Señor quiere que usted se suelte a volar y deje esa ramita de falta de fe. Pensar con fe requiere de un cambio de mentalidad.

En un pueblito de zona rural, en los años cincuenta se produjo una larga sequía que amenazaba con dejar en la ruina a todos sus habitantes debido a que subsistían con el fruto del trabajo del campo. A pesar de que la mayoría de sus habitantes eran creyentes, ante la situación crítica marcharon a ver al pastor del lugar y le dijeron:

—Pastor, si Dios es tan poderoso pidámosle que envíe la lluvia necesaria para revertir esta angustiante situación.

—Está bien, le pediremos al Señor, pero es necesaria una condición indispensable.

—¡Díganos cuál es!, —respondieron todos.

—Hay que pedírselo con fe, con mucha fe, —contestó el pastor.

—¡Así lo haremos, y también vendremos a las reuniones todos los días!

Los campesinos comenzaron a ir a las reuniones todos los días, pero las semanas transcurrían y la esperada lluvia no se hacía presente. Un día, fueron todos a enfrentar al pastor y reclamarle:

—Pastor, usted nos dijo que si le pedíamos con fe a Dios que enviara las lluvias, Él accedería a nuestras peticiones. Pero luego de varias semanas no obtenemos respuesta alguna.

—¿Han ustedes pedido con fe verdadera?, —les preguntó el pastor.

—¡Sí, por supuesto!, —respondieron al unísono.

—Entonces, si dicen haber pedido con fe verdadera, ¿por qué durante todos estos días ni uno solo de ustedes ha traído el paraguas?

El libro de Hebreos dice que «la fe es la certeza de lo que se espera y la convicción de lo que no se ve» (11:1). Busque este texto en su Biblia y subraye estas dos palabras: certeza y convicción.

«Certeza» es cuando usted trabaja toda la semana porque sabe que al cumplirse la quincena le van a dar un cheque. Esa certeza es tener fe. Es creer en su empleador. Cada lunes usted se presenta a trabaja porque tiene la certeza de que han pactado con usted que cada quincena le pagarán lo que corresponde. La fe no es «Ojalá algún día me pudieran dar un cheque». Fe es certeza de que eso sucederá.

La segunda palabra que debe subrayar en su Biblia es «convicción». Son aquellos principios fuertemente arraigados a nuestra vida. Por ejemplo, cuando usted se sienta en una butaca lo hace con la plena convicción de que esta lo sostendrá, no importando los kilos con los que usted cuenta. No sabe cómo funciona la fuerza de la gravedad, a menos que usted sea ingeniero o científico.

Sin embargo, se sienta confiado. Lo mismo sucede con nuestro automóvil. Lo encendemos y conducimos. No sabemos cómo funciona pero tenemos la convicción de que nos llevará, eso es fe.

Decida hablar con fe

Una vida de fe requiere un vocabulario de fe. Decídase a hablar por fe. Los demás hablan de crisis, inflación y recesión. Como resultado de eso muchos viven tristes y cabizbajos. Pero usted debe determinar no hablar así. Utilice un vocabulario distinto al que tienen todas las demás personas. Diga una palabra de fe cuando la gente habla de angustia. Cuando hablen de confusión, usted declare paz. Cuando la gente diga odio, usted proclame amor.

Un vocabulario distinto produce una manera distinta de pensar. Cuando piensa con fe, habla con fe. La Biblia dice que de la abundancia del corazón habla la boca. Deje a un lado palabras como: quizás, tal vez, ojalá, no estoy seguro, veamos. Es hora de decir «todo lo puedo en Cristo que me fortalece». Es tiempo de creer que todas las promesas de Dios son sí y amén en Cristo Jesús nuestro Señor.

Había un hombre que nació ciego. Un día Jesucristo puso sus manos sobre él y se sanó. Fue tal la alegría que empezó a contarle a la gente que Jesús lo había sanado. Esta historia se encuentra en el libro de Juan capítulo nueve. Pero los fariseos no se quedaron tranquilos y comenzaron a preguntar: «¿Quién es ese que sana? ¿Con qué autoridad lo hace y por qué? Hoy es sábado, es el día de reposo, ¿Cómo se le ocurre sanar en el día de reposo?». Los fariseos trataban de poner duda en el corazón del hombre que había sido sanado y así convencerlo de que no estaba sano. Ellos trataron de presionarlo para que no creyeran en lo que había sucedido. Cuánta gente viene a veces a decirnos que no es cierto lo que nos sucede, que nos están sugestionando, que es un juego psicológico. Lo triste del caso es que los fariseos eran los líderes religiosos de su tiempo. Entonces el ciego les dijo: «Una cosa sé, que habiendo yo sido ciego, ahora veo».

Muchos querrán hacerlo dudar. Habrá personas que lo intentarán, y usted cuestione hasta su propia salvación, pero ahora puede decir: «Lo único que sé es que yo estaba muerto en mis pecados, pero ahora he revivido en Cristo Jesús».

Decida caminar con fe

Había un paralítico en un lugar llamado Betesda que estuvo así durante treinta y ocho años. Estaba acostado al lado de la alberca porque una vez al año bajaba el ángel del Señor y movía las aguas del estanque, y el primero que se tiraba al agua era sano. El hecho de que él haya estado allí tantos años nos demuestra que ya se había resignado y acostumbrado a su condición. Muchas veces usted y yo nos acostumbramos a vivir sin fe, a vivir con temor. El Señor quiere que se levante y comience a dar pasos de fe. Transita todo lo que Dios tiene para su vida.

De pronto, llegó Jesús y le dijo al paralítico: «¿Quieres ser sano?». La respuesta fue: «Es que hace treinta y ocho años que estoy así y no tengo quien me lleve al estanque». Si este hombre hubiera sabido con quién estaba hablando, no hubiera dicho otra cosa que: «Sáname, Señor».

Muchas veces el Señor nos pregunta: «¿Hijo, quieres que te bendiga?». Y nuestra respuesta es: «Es que mi abuelo fue así, mi tatarabuelo también y no hay cambio para mí». Mire al cielo y tome una decisión. El Señor le dijo a este hombre: «Levántate, toma tu lecho, y comienza a caminar».

Cuando el paralítico empezó a caminar llevaba debajo de su brazo el lecho. El lecho representaba temor, depresión, angustia, enfermedad y deudas. ¿Cuál es el lecho que usted todavía carga? Ahora puede andar sobre sus propios pies y caminar en victoria. Sus pasos de fe le abrirán el camino, porque Dios le abrirá paso para que usted camine en lugar firme.

«Y habrá allí calzada y camino, y será llamado Camino de Santidad; no pasará inmundo por él, sino que él mismo estará con ellos; el que anduviere en este camino, por torpe que sea, no se extraviará» (Is 35:8).

La Palabra dice que aun el muy torpe no se resbalará de la calzada de santidad porque el Señor lo cuidará.

Decida vivir creyéndole a Dios

Comenzará a dar pasos de fe como los sacerdotes que cruzaron el Jordán en seco.

«Y cuando las plantas de los pies de los sacerdotes que llevan el arca de Jehová, Señor de toda la tierra, se asienten en las aguas del Jordán, las aguas del Jordán se dividirán» (Jos 3:13). Si ellos nunca hubieran caminado no habría visto el milagro. Si usted no camina no verá el milagro. Cuando los sacerdotes que llevaban el arca tocaron el agua, el Jordán se dividió y el pueblo cruzó por suelo seco hacia el otro lado de la orilla, Jericó.

¿Cómo puedo hacer crecer mi fe?

Número uno: Llene su vida de la Palabra de Dios.
«Así que la fe es por el oír, y el oír, por la palabra de Dios» (Ro 10:17). Escuche las prédicas de su pastor o de algún siervo de Dios en casete. Escuche música cristiana, lea la Palabra de Dios y grábela en su mente y en su corazón para comenzar a pensar, a hablar y a caminar en fe.

Número dos: Habite en un ambiente de fe.
Rodéese de personas de fe. En un ambiente de fe usted recarga sus baterías.

«Poned la mira en las cosas de arriba, no en las de la tierra» (Col 3:2).

¡Decida bien!

Número tres: Haga ejercicio de fe.
Ejercite su fe, crea para obtener milagros. Si necesita un milagro empiece a hablarlo, a declararlo.

«Así también la fe, si no tiene obras, es muerta en sí misma» (Stg 2:17).

Su manera de pensar afectará su manera de hablar.
Su manera de hablar afectará su manera de caminar.
Su manera de caminar afectará su estilo de vida.

¿Qué espera? Decida hoy vivir creyéndole a Dios. ¡Decida bien!

CONCLUSIÓN

Conclusión

El tiempo es el mejor juez de una buena o mala decisión. Al paso del mismo, nos daremos cuenta del efecto positivo o negativo que las decisiones han tenido en nuestra vida y en las de aquellos más cercanos a nosotros. Considero que es importante reflexionar, pensar y prepararse bien antes de tomar una decisión, sin caer en una enfermedad que se llama "parálisis de análisis", donde se pasa tanto tiempo analizando la decisión que nunca se toma. Lo que puede ocasionar que se pierdan oportunidades y tiempo. Si se tiene que tomar una decisión, hay que tomarla y esperar que las consecuencias produzcan resultados positivos.

Está demás decir que se requiere de mucho valor tomar decisiones en estos tiempos. Muchas personas no quieren arriesgarse a tomar una decisión, ya que podría resultar ser mala. Sin embargo, esa indecisión acarrea consecuencias mucho más peligrosas que simplemente tomar una decisión que pueda o no resultar ser mala. Mil veces prefiero correr el riesgo de tomar una decisión a caer en el estancamiento que produce la indecisión. Una de las características de un buen líder es la habilidad de analizar y procesar grandes cantidades de información de manera puntual, lo que resulta en decisiones acertadas y aceleradas. Sin embargo, requiere de una determinación de parte del líder el trabajar de esta manera. Como líderes no debemos pasar mucho tiempo preocupados de que si tomamos una buena decisión o no. Debemos actuar con rapidez, confiando en nuestra experiencia, conocimientos y, sobre todo, en la guía del Espíritu Santo para ayudarnos a ser puntuales y eficaces en cada decisión tomada.

Mi deseo para usted es que se convierta en un líder eficaz en su capacidad de toma de decisiones. Espero que mis aportaciones sencillas en este libro sirvan de semillas que alimenten el pensamiento de su corazón para ayudarlo a ser un buen "tomador" de decisiones. Deseo que al tomar buenas decisiones, una por una vaya creando una revolución cultural y espiritual para nuestra querida América Latina, redundando en almas ganadas para nuestro Señor Jesús y un despertar espiritual en nuestro continente.

Espero que el Señor nos ayude a usted y a mí a decidir bien.

> Marcos Witt
> Octubre 2003
> Houston, Texas

PREPÁRESE PARA ENTRAR
EN SU PRESENCIA...

Y EXPERIMENTAR LA
VERDADERA INTIMIDAD.

Marcos Witt, editor ejecutivo.
Contribuidores: Danilo Montero, Marco Barrientos,
Fuchsia Pickett, Sergio Scataglini, John Bevere,
Jesús Adrián Romero, Mike Bickle, Mike Herron,
Judson Cornwall, Ron Kenoly, Kingsley Fletcher
y muchos más.

Disponible en su librería cristiana más cercana.
www.casacreacion.com
407-333-7117 • 800-987-8432

CASA CREACIÓN